Schauen und Wissen!

Bildnachweis

© Majka Gerke – S. 34
© mauritius images – Banjo&Co/Stockimo/Alamy: S. 30 (l.); Josie Elias/Alamy: S. 9 (r.);
Pitopia/Conny Pokorny: S. 16 (u.); Pitopia/Alexander Raths: S. 14/15
© Shutterstock – Art_Pictures: S. 32 (r.); BarbaraGoreckaPhotography: S. 23 (o. r.); BearFotos: S. 12 (M.);
Alex Bedoya: S. 7 (M.); bigacis: S. 23 (u. l.); ChiccoDodiFC: S. 12 (r.); CL-Medien: S. 22; defotoberg: S. 17 (u.);
Yulia Furman: S. 18; Geo-grafika: S. 19 (l.); gkrphoto: S. 26 (l.); Jiri Hera: S. 23 (o. M.); HotFlash: S. 11;
HQuality: S. 7 (o.); inewsfoto: S. 32 (l.); j.chizhe: S. 29 (o. l.); joerngebhardt68: S. 28; Just dance: S. 4;
Lovecta: S. 19 (r.); Medvedeva Oxana: S. 20; Mehaniq: S. 27 (r.); Roman Melnyk: S. 10; MNStudio: S. 6 (u.);
MShev: S. 23 (u. M.); nehophoto: S. 2; Barbara Neveu: S. 13 (l.); Elena Nichizhenova: S. 30 (r.); nnattalli: S. 21 (l.);
eldar nurkovic: S. 6 (o.); Ondacaracola: S. 9 (l.); photocrew1: S. 15 (r.); Picture Partners: S. 25 (o.); pixinoo: S. 7 (u.);
Alexander Raths: Cover; ricochet64: S. 24; Jane Rix: S. 25 (u.); rohaizadabu: S. 23 (u. r.); Sergey Ryzhov: S. 29 (o. r.);
Sarah2: S. 33 (r.); Ratchanee Sawasdijira: S. 29 (u. l.); Maria Sbytova: S. 33 (l.); Elena Schweitzer: S. 3; Shestakoff: S. 12 (l.);
Sodel Vladyslav: S. 17 (o.); QiuJu Song: S. 5; Squareplum: S. 23 (o. l.); stockfour: S. 31; Syda Productions: S. 26 (r.);
Max Topchii: S. 16 (o.); VLADIMIR VK: S. 27 (l.); Vulp: S. 29 (u. r.); Richard Whitcombe: S. 21 (r.); Yurumi: S. 13 (r.)

Originalausgabe
© 2022 Hase und Igel Verlag GmbH, München
www.hase-und-igel.de
Lektorat: Anna Schultes
Illustrationen: Hendrik Kranenberg
Satz: Appel Grafik München GmbH
Druck: Grafisches Centrum Cuno GmbH & Co. KG

ISBN 978-3-86316-413-3
1. Auflage 2022

Karolin Küntzel

Warum muss die Mango fliegen?

Fragen und Antworten rund um unsere Ernährung

Hase und Igel®

So viele Lebensmittel!

Mehrmals am Tag isst und trinkst du etwas: Du ernährst dich. Dabei nimmt dein Körper Nährstoffe aus den Lebensmitteln auf. So versorgt er dich mit Energie, er wächst und erneuert sich, zum Beispiel deine Haut. Zu den Nährstoffen, die dir Energie liefern, zählen Kohlenhydrate, Eiweiße und Fette. Für deinen Stoffwechsel, also lebenswichtige Abläufe im Körper, sind außerdem Mineralstoffe, Vitamine und Wasser nötig.

In deinen Mahlzeiten sind diese Nährstoffe in unterschiedlicher Menge enthalten. Kartoffeln, Reis, Brot, Nudeln und Zucker stecken voller Kohlenhydrate. In Fleisch, Geflügel, Fisch, Eiern und Milchprodukten ist dagegen viel Eiweiß. Zu den Fetten gehören Öle, Butter, Margarine und Sahne. Obst und Gemüse liefern dir zahlreiche Vitamine und Mineralstoffe.

Dein Körper funktioniert am besten, wenn er von allem täglich etwas in möglichst guter Qualität bekommt. In diesem Buch erfährst du, warum Obst besser nicht so weit reisen sollte, wie viel Platz ein Huhn braucht und noch mehr Wichtiges und Spannendes rund um unsere Ernährung.

Die Ernährungspyramide zeigt dir, von welchen Lebensmitteln du reichlich und von welchen du weniger essen solltest. Getreide, Gemüse und Obst sind gut. Mit Fleisch und Süßem solltest du sparsam sein.

Für Forscher

Notiere einen Tag lang deine Mahlzeiten. War aus allen Stockwerken der Pyramide etwas dabei? Wovon hast du am meisten gegessen? Gab es dein Lieblingsgericht?

Wo kommen unsere Lebensmittel her?

Mein Beitrag

Achte beim nächsten Einkauf darauf, aus welchen Ländern Obst und Gemüse kommen. Findest du Sorten, die nicht weit gereist sind? Vielleicht entscheidet ihr euch ja für eine davon.

Viele Getreide sowie Obst- und Gemüsesorten, zum Beispiel Äpfel und Gurken, wachsen bei uns nur zu bestimmten Zeiten. Willst du Erdbeeren im Winter essen oder jeden Tag Weintrauben, musst du auf Obst aus weit entfernten Ländern zurückgreifen. Deine Erdbeeren kommen dann etwa aus Spanien oder Marokko und die Weintrauben aus Chile. Das ist eine ganz schön lange Reise – und der Transport bis in den Supermarkt ist schlecht für die Umwelt. Reis stammt oft aus Thailand, Bananen aus Costa Rica. Beides wächst hierzulande gar nicht.

Im Sommer ist die Auswahl an heimischem Gemüse groß.

Schweine leben im Stall häufig auf engstem Raum.

Neben pflanzlichen Lebensmitteln werden bei uns auch tierische Produkte hergestellt. Kühe geben Milch, aus der man Käse, Butter, Joghurt oder Quark machen kann. Legehennen liefern Eier.

In großen Betrieben werden Schweine und Geflügel gemästet. Auf Nord- und Ostsee sind Fischer unterwegs: Mit großen Netzen fangen sie Garnelen, Heringe und Schollen. Imker halten Bienenvölker, die Honig produzieren. Rindfleisch kommt dagegen oft aus Amerika, weil es bei uns nicht genügend Weideflächen gibt.

Mein Lexikon

Mast, mästen: Bei der *Mast* bekommen die Tiere innerhalb kurzer Zeit sehr viel Futter, damit sie möglichst schnell Fleisch ansetzen. Man sagt, sie werden *gemästet*.

Was bedeutet ökologische Landwirtschaft?

Bauern, die ökologische Landwirtschaft betreiben, verzichten auf künstlich hergestellte Dünger und Pflanzenschutzmittel. Sie halten ihre Tiere möglichst artgerecht. Diese haben Auslauf, frische Luft und bekommen Bio-Futter. Lebensmittel aus ökologischer Landwirtschaft sind deshalb meist etwas teurer.

Ökologische Landwirtschaft macht viel Arbeit. Regelmäßig kontrollieren die Bauern ihre Pflanzen auf Schädlinge. Um Unkraut zu vernichten, kommen keine chemischen, sondern umweltfreundliche Mittel oder auch Maschinen zum Einsatz. Manchmal wird es in Handarbeit entfernt.

Bio-Lebensmittel sind nicht mit Giften gespritzt und deshalb meist gesünder. In einen ungespritzten Apfel kannst du direkt hineinbeißen. Obst, das chemisch behandelt wurde, solltest du vorher auf jeden Fall gründlich abwaschen.

Eine Milchkuh aus ökologischer Landwirtschaft muss mindestens sechs Quadratmeter Stallfläche und 4,5 Quadratmeter Auslauf haben. Am besten ist natürlich eine große Weide, auf der sich die Tiere tagsüber frei bewegen können.

Maximal sechs Legehennen teilen sich in der ökologischen Landwirtschaft einen Quadratmeter Stall. Außerdem bekommen sie Auslauf. Dagegen leben in Kleingruppenhaltung auf dieser Fläche doppelt so viele Tiere. Das entspricht gerade einmal 1,5 DIN-A4-Blättern pro Huhn.

Die meisten Supermärkte bieten Bio-Produkte wie Brot, Obst, Konserven, Nudeln, Eier, Käse und Wurst an. Du erkennst sie an ihrem Bio-Abzeichen. Es gibt zum Beispiel das sechseckige Bio-Siegel, das Euro-Blatt sowie die Demeter-, Naturland- und Bioland-Logos.

Weit gereistes Obst

Schlaue Frage

Was ist der Äquator?
Der Äquator ist eine gedachte Linie, die waagerecht um die dickste Stelle der Erdkugel herum verläuft. Diese Linie teilt die Erde in zwei gleiche Hälften, die Nord- und die Südhalbkugel.

Im Supermarkt findest du neben Äpfeln und Birnen auch viele exotische Obstsorten. Sie stammen aus den Tropen, den Ländern rund um den Äquator. Bis die Früchte bei uns im Laden landen, haben sie eine weite Reise hinter sich. Mehrere Tausend Kilometer legen sie mit dem Lkw, dem Schiff oder dem Flugzeug zurück. Das bleibt nicht ohne Folgen für die Umwelt, denn alle Transportmittel stoßen Schadstoffe aus. Dies gilt besonders, wenn das Obst mit dem Flugzeug reist.

Warum fliegen Mangos, statt mit dem Frachtschiff zu fahren? Weil die Früchte reif geerntet viel besser schmecken und schnell verderben. Mit dem Flugzeug verkürzt sich die Reisezeit um mehr als eine Woche. Diesen Luxus bezahlt der Kunde mit einem fünfmal höheren Preis gegenüber der Schiffsmango.

Andere Obstsorten wie Bananen und Ananas sind weniger empfindlich. Auf dem Containerschiff versetzt man sie in eine Art Kälteschlaf. Der sorgt dafür, dass die Früchte unterwegs geschont werden. In Europa angekommen „weckt" man sie mit warmer Luft auf und liefert sie in die Märkte aus.

Manchmal ist sogenanntes Flugobst gekennzeichnet. Diese Mango hat einen Aufkleber, der verrät, dass sie mit dem Flieger gekommen ist.

Welche Lebensmittel sind besser fürs Klima?

Mein Lexikon

Klima:
Klima nennt man das Wetter in einem bestimmten Gebiet über einen längeren Zeitraum betrachtet. Deutschland hat ein gemäßigtes Klima. Es wird also fast nie extrem kalt oder warm.

Das Klima auf der Erde ändert sich. Es wird immer wärmer – und das hat Auswirkungen auf unsere Umwelt, zum Beispiel Überschwemmungen und Dürren. Der Grund dafür sind die sogenannten Treibhausgase, zu denen Kohlenstoffdioxid (CO_2) und Methan (CH_4) gehören. Autos und Flugzeuge stoßen mit den Abgasen CO_2 aus, Kühe bei der Verdauung CH_4. Auch bei der Produktion von Lebensmitteln entstehen die schädlichen Gase. Die Art der Lebensmittel und ihre Herstellung bestimmen die Menge, die an die Luft abgegeben wird.

Wenn Kühe pupsen und rülpsen, gelangt dabei klimaschädliches Methan in die Luft.

Tomaten sind das ganze Jahr erhältlich. Sie werden oft im Gewächshaus angebaut.

Du kannst Tomaten im Winter kaufen und Trauben aus Chile essen. Gut für das Klima ist das nicht. Wachsen Tomaten zum Beispiel in der kalten Jahreszeit in einem Treibhaus, muss dieses beheizt werden. Das kostet Strom und bei seiner Erzeugung wird CO_2 freigesetzt.

Baut man Gemüse dagegen draußen an, ist die CO_2-Bilanz besser, weil man keinen Raum beheizen muss. Deshalb sollte man regionale Lebensmittel kaufen, deren Erntezeit gerade ist. Sie sind viel klimafreundlicher als Produkte aus dem Gewächshaus oder aus der Ferne.

Schlaue Frage

Was versteht man unter CO_2-Bilanz?
Die CO_2-Bilanz gibt an, wie groß die Menge an Treibhausgasen ist, die freigesetzt wird. Obst, das in einem Gewächshaus gezogen wird, verursacht je nach Sorte fünf- bis dreißigmal mehr Treibhausgase als Obst, das unter freiem Himmel wächst. Es hat also eine deutlich schlechtere CO_2-Bilanz.

Was gibt es heute?

Besonders klimafreundlich ist es, die Obst- und Gemüsesorten zu essen, die gerade bei uns wachsen. Spargel und Erdbeeren sind ab dem Frühjahr erntereif. Im Herbst bekommst du Kohl und Trauben. Zahlreiche Sorten kannst du selbst anpflanzen. Ihr könnt sie auch frisch beim Bauern oder auf dem Wochenmarkt kaufen.

Obst zum Selbstpflücken wird inzwischen in vielen Regionen angeboten. Dort kannst du Erdbeeren oder Himbeeren direkt vom Feld ernten und dir dabei die schönsten Früchte aussuchen. Naschen ist erlaubt!

Habt ihr einen eigenen Garten? Dann pflanze Obst und Gemüse an, das du gern isst. Wie wäre es mit Bohnen oder Johannisbeeren? Mit ein bisschen Pflege wirst du bestimmt eine reiche Ernte haben.

Sogar auf dem Balkon ist der Obst- und Gemüseanbau möglich. Tomaten und Himbeeren wachsen auch in Kübeln. Für Kräuter reicht ein Balkonkasten oder Blumentopf. Versuche es – es ist lecker und macht Spaß!

Ein Saisonkalender ist praktisch. Er zeigt dir, wann welche Obst- und Gemüsesorten reif für die Ernte sind. Saisonale Produkte haben besonders viel Geschmack und sind meist umweltfreundlich.

Erdbeeren werden bei uns etwa von Mai bis Juli gepflückt. Erntezeit für Spargel ist von April bis Juni.

Für Forscher

Gib Kressesamen auf ein feuchtes Küchenpapier. Halte das Papier feucht. Wie lange dauert es, bis die Samen keimen und die Kresse reif zum Ernten ist?

Fleisch als Klimakiller

Früher kam Fleisch nur am Sonntag auf den Tisch. Heute steht es etwa in Form von Wurst bei vielen Menschen fast täglich auf dem Speiseplan. Das hat Folgen für das Klima.

Die Haltung und Fütterung von Rindern, Schweinen und Hühnern verursacht eine Menge CO_2 – deutlich mehr, als bei der Produktion von pflanzlichen Lebensmitteln anfällt. Das liegt unter anderem daran, dass Futter für sie angebaut werden muss. Statt zum Beispiel Getreide selbst zu essen, verfüttern wir es an die Tiere, damit wir später Schnitzel oder Würstchen verputzen können. Mehr als die Hälfte des bei uns geernteten Getreides wird zu Viehfutter. Bloß knapp ein Fünftel landet auf unseren Tellern.

Rund fünf Kilogramm Treibhausgase entstehen bei der Herstellung von einem Kilogramm herkömmlichem, also nicht ökologischem Schweinefleisch oder Geflügel. Rindfleisch ergibt über dreizehn Kilogramm. Zum Vergleich: Bei Obst und Gemüse sind es nur ein paar Hundert Gramm. Ungefähr sechzig Kilogramm Fleisch isst jeder Deutsche im Jahr. Das entspricht etwa 580 Kilogramm CO_2.

Bio-Fleisch hat nicht unbedingt eine bessere CO_2-Bilanz als herkömmlich produzierte Ware. Denn artgerecht gehaltene Tiere leben länger und fressen mehr. Trotzdem belastet der Ökolandbau die Umwelt insgesamt nicht so stark, weil etwa weniger Pflanzenschutzmittel eingesetzt werden.

Mein Beitrag

Verzichtest du ab und zu auf Fleisch- und Wurstwaren, leistest du einen direkten Beitrag zum Klimaschutz.

Ist das Meer schon leer?

Riesige Fischtrawler (sprich etwa: Fischtrohler) holen tonnenweise Fisch aus dem Meer und verarbeiten ihn direkt an Bord. Von einigen Arten wird mehr gefangen, als Tiere zur Welt oder neu in ein Gebiet kommen. Man sagt, die Art ist überfischt. Eine Fangquote soll dafür sorgen, dass sie sich erholen kann. Die Quote legt fest, wie viel gefischt werden darf.

Auch kleinere Kutter können Schaden anrichten – besonders dann, wenn die Fischer mit Grundschleppnetzen etwa auf die Jagd nach Flundern oder Krabben gehen. Der Meeresboden wird dabei regelrecht umgepflügt und zerstört. Häufig landen auch Fische oder andere Tiere im Netz, die der Fischer gar nicht haben will. Den sogenannten Beifang wirft er wieder über Bord. Doch nicht alle dieser Meeresbewohner überleben das.

Um den gewaltigen Appetit auf Fisch zu stillen, werden immer mehr Tiere in Aquakulturen, also in Unterwasserfarmen, gezüchtet. Die Fische dort schwimmen in riesigen Netzen im Meer oder in Flüssen, bis sie groß genug für den Handel sind. Umweltfreundlich ist das nicht, denn dabei gelangen Futter- und Medikamentenreste ins Wasser. Außerdem verschmutzen die enormen Mengen an Fischkot den Meeresboden.

Für die Umwelt und die Bestände ist es gut, nur einmal in der Woche Fisch zu essen. Achtet beim Kauf darauf, ob auf der Packung das MSC-Siegel abgebildet ist. Ihr erkennt es an einem weißen Fisch auf blauem Hintergrund. Das Logo soll garantieren, dass die Fischer ein Gebiet nicht überfischen und möglichst wenig Beifang haben. Es ist umstritten, ob die Regeln wirklich immer eingehalten werden. Experten empfehlen vor allem heimische Arten wie Forellen.

Sind Veganer die besseren Vegetarier?

Mein Lexikon

Nachhaltigkeit, nachhaltig:
Nachhaltigkeit bedeutet, dass man bei seinem Handeln immer auch an die Auswirkungen für die Zukunft denkt. Es darf nicht mehr verbraucht werden, als nachwachsen kann. Wer sich *nachhaltig* verhält, schützt die Umwelt, indem er zum Beispiel weniger Fleisch isst.

Schlaue Frage

Woraus macht man Seitan?
Seitan besteht aus Weizeneiweiß (Gluten). Es erinnert beim Kauen an Fleisch. Der Fleischersatz stammt ursprünglich aus Japan.

Die Herstellung tierischer Produkte ist schädlicher für das Klima als die von pflanzlichen. Deshalb ist es nachhaltig, möglichst wenig Fisch, Fleisch und Geflügel zu verspeisen. Vegetarier verzichten komplett darauf. Sie essen also keine Würstchen und keine Burger. Es sei denn, diese sind aus pflanzlichen Zutaten wie zum Beispiel aus Kichererbsen gemacht.

Im Supermarkt bekommst du viele Produkte, die aussehen wie Fleisch, aber gar keines enthalten. Stattdessen wird Ei, Tofu oder Seitan verwendet.

Hier siehst du eine Auswahl vegetarischer Lebensmittel. Milch und Eier gehören auch zum Speiseplan.

Vegane Milch wird aus Mandeln, Nüssen, Hafer, Reis, Soja oder Kokos hergestellt.

Menschen, die vegan leben, gehen noch einen Schritt weiter: Sie verzichten auf alle tierischen Produkte. Kuhmilch ersetzen sie zum Beispiel durch Soja- oder Hafermilch, Butter durch Margarine, Honig durch Ahornsirup und Leder durch Stoff.

Wenn viele Menschen vegan leben, kommt das dem Klima zugute, da weniger Tiere gehalten werden müssen und weniger Weidefläche gebraucht wird. Gesünder ist vegane Ernährung aber nicht automatisch: Fertigprodukte enthalten oft eine Menge Zusatzstoffe. Manche Menschen vertragen die nicht.

Für Forscher

Vegane Produkte erkennst du an verschiedenen „Vegan-Logos". Achte im Supermarkt einmal darauf, welche Lebensmittel damit gekennzeichnet sind.

Wie super sind Sojaprodukte?

Soja wird auch zu Bio-Sprit verarbeitet. Das hört sich umweltfreundlich an, ist es aber nicht. Für den Anbau sind riesige Flächen nötig. Sie entstehen, indem man Wälder abholzt.

Mein Lexikon

Atmosphäre: Die schützende Lufthülle um die Erde nennt man *Atmosphäre*. Ohne sie könnten wir nicht atmen und es gäbe auch kein Wetter.

Sojabohnen gehören zu den Hülsenfrüchten wie Erbsen, Linsen und Erdnüsse. Die Bohnen enthalten viel pflanzliches Eiweiß. Deshalb sind sie eine gute Alternative für Vegetarier und Veganer. Im Supermarkt findest du zahlreiche Produkte aus Sojabohnen: Milch und Joghurt sowie Sojasoße, Miso und Tempeh, die in der asiatischen Küche zum Einsatz kommen. Soja ist aber auch in Margarine, Fertiggerichten und Backwaren.

Einen Großteil der weltweiten Sojaernte verarbeitet man zu Futter für Rinder, Schweine und Geflügel. Die Nachfrage nach den Hülsenfrüchten steigt. Aus diesem Grund werden immer mehr Bäume im Regenwald gefällt, um stattdessen Sojabohnen anzubauen.

Für das Klima ist das eine Katastrophe, denn Bäume speichern CO_2. Ohne sie gelangen jede Menge schädliche Treibhausgase in die Atmosphäre und beschleunigen den Klimawandel. Außerdem verlieren die Bewohner des Regenwaldes und die Tiere dort ihren Lebensraum. Die Böden trocknen aus und fruchtbare Erde wird bei Regen fortgeschwemmt.

Pro Minute verschwindet Regenwald in der Größe von dreißig Fußballfeldern. Auf den neuen Flächen werden oft Sojabohnen oder Ölpalmen angepflanzt.

Problemprodukt Palmöl

Palmöl ist ein Pflanzenöl, genauso wie Raps- und Sonnenblumenöl. Es wird aus den Früchten der Ölpalme gewonnen. Aus den Kernen der Pflanze lässt sich Palmkernfett herstellen. Beide Produkte finden sich in unzähligen Lebensmitteln im Supermarkt. Einige davon siehst du auf der rechten Seite.

Palmöl ist wesentlich günstiger als andere Pflanzenöle, denn die Früchte können bis zu achtzehn Mal im Jahr geerntet werden. So ertragreich ist sonst keine Ölpflanze. Allerdings gedeiht die Ölpalme nur in den Tropen, wo auch der Regenwald wächst.

Um immer mehr Palmöl zu gewinnen, werden große Waldgebiete abgeholzt oder abgebrannt. Auf den freien Flächen entstehen anschließend Plantagen (sprich: „agen" wie in „Garagen") mit Ölpalmen. Für das Klima ist das sehr schädlich. Deshalb wäre es gut, auf Palmöl zu verzichten oder zumindest auf ökologischen Anbau zu achten. In welchen Produkten Palmöl oder Palmkernfett enthalten ist, steht in der Zutatenliste auf der Verpackung. Einige Hersteller werben inzwischen damit, dass ihr Produkt ohne Palmöl auskommt.

Schlaue Frage

Was ist eine Plantage? So nennt man einen großen landwirtschaftlichen Betrieb in tropischen Ländern. Kakao, Tee und Bananen wachsen auch oft auf Plantagen.

 Margarine

 Nuss-Nugat-Creme

 Kuchenglasur

 Kekse

 Müsli

 Fertigprodukte

Was sind fair gehandelte Lebensmittel?

Das ist das Logo des Verbands „Fairtrade". Wer dort mitmacht, setzt sich für fairen Handel ein.

Fair Trade (sprich: Fähr Treyt) ist die englische Bezeichnung für gerechten Handel. Das bedeutet, dass die Bauern, die zum Beispiel Bananen, Kaffee oder Kakao anbauen und ernten, für ihre Arbeit fair bezahlt werden.

Das ist nicht selbstverständlich. Häufig können die Kleinbauern in den ärmeren Ländern, aus denen diese Produkte stammen, nicht von dem Anbau leben. Auch ihre Kinder müssen arbeiten. Die Ernte wird von Händlern günstig aufgekauft und dann an Zwischenhändler verkauft, bevor sie im Fall von Kakaobohnen in der Rösterei ankommt. Dort werden die Bohnen weiterverarbeitet und landen schließlich als Schokolade im Handel. Jeder in dieser Handelskette verdient daran, die Bauern leider am wenigsten.

Bei Fair Trade ist das anders. Die Menschen erhalten einen fairen Preis für ihr Produkt und können ihre Kinder zur Schule statt aufs Feld schicken. Es gibt weniger Zwischenhändler, die bezahlt werden müssen. Außerdem ist die Tafel für den Kunden teurer als „normale" Schokolade. Deshalb bekommt der Bauer mehr Geld für seine Ware.

So sieht eine geöffnete Kakaofrucht aus. Die hellen Kerne sind die Kakaobohnen. Sie werden aus dem Fruchtfleisch gelöst und färben sich anschließend rot. Erst beim Rösten bekommen sie ihre dunkle Farbe und den schokoladigen Geschmack.

Fair gehandelte Schokolade gibt es in allen Geschmacksrichtungen. Du erkennst sie an dem Logo auf der Verpackung. Sie ist im Weltladen, im Reformhaus, im Naturkostladen sowie im Supermarkt erhältlich. Achte beim nächsten Einkauf einmal darauf.

Schlaue Frage

Welche Fair-Trade-Produkte gibt es?
Inzwischen gibt es eine ganze Reihe fair gehandelter Produkte: Bananen, Kaffee, Kakao, Orangen, Tee, Reis, Honig, Zucker, Saft und Wein, aber auch Schnittblumen und Baumwolle.

Fast Food – nicht gut

In der Stadt kannst du an jeder Ecke Currywurst, Burger, Pommes oder Pizza kaufen, falls du plötzlich Hunger bekommst. Fast Food (sprich: Fahst Fuhd), also das schnelle Essen für zwischendurch, ist beliebt und praktisch. Es ist günstiger als Gerichte im Restaurant und du musst dich nicht lange aufhalten. Gesund ist es aber meistens nicht. Viele dieser Speisen sind zu fett, zu salzig und haben eine Menge Kalorien. Wer häufig Fast Food isst, kann dick und sogar krank werden.

Es gibt auch Fast Food ohne Fleisch. Wie wäre es mit Falafel aus Kichererbsen oder einem Tomate-Mozzarella-Sandwich?

Zahlreiche Fast-Food-Gerichte enthalten Fleisch: Burger, Döner, Currywurst und manchmal auch Pizza.

Wer nebenbei isst, verspeist oft größere Portionen als beabsichtigt. Auch das kann zu Übergewicht führen.

Fast Food verursacht tonnenweise Müll. Papiertüten, Pappschachteln, Einwickelpapier, Becher, Plastikdeckel und Dosen füllen nach dem Essen die Abfalleimer oder landen sogar in der Landschaft.

Warum essen so viele Menschen Fast Food, obwohl es nicht gesund ist? Weil es „glücklich" macht. Nach dem Verzehr der Gerichte lösen Fett, Salz und Zucker in unserem Körper ein Wohlgefühl aus. Da dieses aber nicht lange anhält, verlangt er bald wieder nach der Speise – und schon greift man erneut zu.

Von Fast Food kann man richtig süchtig werden. Deshalb fällt es zum Beispiel vielen schwer, nur eine Handvoll Chips zu essen, statt der ganzen Tüte. Gleiches gilt übrigens auch für Süßigkeiten wie Schokolade, Gummibärchen oder Donuts.

Mein Beitrag

Verpackungen schaden der Umwelt. Entscheidet euch möglichst für unverpackte Lebensmittel, zum Beispiel die Gurke ohne Plastikhülle. Es gibt auch Läden ganz ohne Verpackungen.

Nach dem Einkauf in die Tonne

Pro Sekunde werden in Deutschland rund 570 Kilogramm Lebensmittel weggeschmissen. Das ist mehr, als ein Pferd wiegt. Einige davon sind verdorben. Viele sind aber auch noch genießbar, wie das Brot von gestern oder der Apfel mit der braunen Stelle. Sie haben im Müll nichts zu suchen. Etwas älteres Obst und Gemüse lässt sich zum Beispiel gut zu Mus und Soßen verarbeiten.

Mein Lexikon

Mindesthaltbarkeitsdatum (MHD):
Dieses Datum gibt an, wie lange ein Produkt mindestens seinen Geschmack, Geruch oder seine Farbe behält. Es ist kein Wegwerfdatum. Oft kann man die Milch, den Joghurt oder die Eier auch danach noch genießen. Anders sieht es beim Verbrauchsdatum aus. Damit sind leicht verderbliche Produkte wie Fisch gekennzeichnet. Ist das Datum hier überschritten, solltest du sie nicht mehr essen.

Brot, Obst und Gemüse landen am häufigsten in der Tonne. Das gilt nicht nur in privaten Haushalten, sondern auch in Supermärkten. Manche Kunden wollen keine Ware mit Druckstellen, kein Brot vom Vortag und kein krumm gewachsenes Gemüse.

Manchmal kommen Lebensmittel nicht in den Laden, weil sie nicht schön sind. Sie werden vorher vernichtet. Dabei schmeckt eine knubbelige Kartoffel genauso gut wie eine gleichmäßig geformte.

Auf den meisten Lebensmitteln ist ein Stempel mit dem Mindesthaltbarkeitsdatum. Viele Produkte halten sich aber länger, als dort angegeben ist. Sie müssen nach Ablauf nicht gleich entsorgt werden.

Wenn im Restaurant Reste übrig sind, werden sie weggeschmissen. Außer du bittest den Kellner darum, sie dir einzupacken. Dann wird nichts verschwendet und du hast noch was Leckeres für später.

Ab und zu kauft man mehr ein, als man selbst verbraucht. Dann kann man die Lebensmittel, die zu viel sind, zum Beispiel einem Nachbarn schenken. Oder man kocht gleich für ihn mit.

Direkt aus dem Hahn: klasse Wasser

Wasser ist unser wichtigstes Lebensmittel. Ohne Wasser können Menschen nur ungefähr drei Tage überleben. Ohne feste Nahrung hält man es dagegen mindestens eine Woche aus. Unser Körper braucht Flüssigkeit, damit er gut arbeiten kann und das Blut problemlos fließt.

Am günstigsten ist Wasser direkt aus dem Hahn. Ein Liter kostet weniger als einen Cent. Trinkwasser wird bei uns streng kontrolliert und die Qualität ist sehr gut. Du kannst es überall bedenkenlos trinken.

Mit einem Sprudelgerät kannst du aus einfachem Leitungswasser welches mit Kohlensäure machen. Es schmeckt dann wie Sprudelwasser aus dem Handel.

Kinder von sieben bis zwölf Jahren sollten pro Tag zwischen einem und anderthalb Liter Flüssigkeit zu sich nehmen.

Viele Menschen kaufen ihr Trinkwasser im Getränkemarkt. Es ist wesentlich teurer als Wasser aus der Leitung.

Mineralwasser aus dem Handel ist längst nicht so umweltfreundlich wie das Wasser aus dem Hahn. Es wird in Flaschen abgefüllt, manchmal über weite Strecken bis in den Laden transportiert und von dort nach Hause gefahren. Später gibst du die Mehrwegflaschen wieder im Handel ab. Sie werden zurück zum Hersteller gebracht, wo man sie reinigt und neu füllt.

Herstellung, Transport und Reinigung der Wasserflaschen verursachen jede Menge CO_2. Du kannst es leicht einsparen, wenn du Leitungswasser trinkst.

Schlaue Frage

Woher kommt Mineralwasser?
Mineralwasser ist Regenwasser, das durch viele Gesteinsschichten gesickert ist. Dabei hat es Mineralstoffe wie Calcium und Magnesium aufgenommen. Das Wasser sammelt sich in unterirdischen Becken. Von dort pumpt man es nach oben und füllt es ab.

Mein Beitrag

Trinke häufig Leitungswasser. Ist dir das auf Dauer zu langweilig? Dann mische es mit Saft oder ein wenig Sirup. Lecker sind auch Früchte- und Kräutertees.

Noch Fragen?

? **Sind Sojasprossen mit der Sojabohne verwandt?**

Nein, die weißen Stängel stammen von Mungobohnen. Ihr korrekter Name lautet deshalb Mungobohnenkeimlinge. Sie sind herrlich knackig und du findest sie etwa in thailändischen Gerichten. Du kannst sie leicht selbst in einem Glas ziehen. Mungobohnen dafür bekommst du im Asia- oder Naturkostladen.

? **Wer pult die Krabben für mein Brötchen?**

Krabben aus der Schale zu holen ist mühsame Handarbeit. Da die Löhne bei uns hoch sind und Arbeitskräfte dadurch teuer, werden die meisten Nordseekrabben in Marokko gepult. Das ist günstiger – trotz der vielen Kilometer, die die Krabben unterwegs sind. Für die Umwelt ist der Transport allerdings gar nicht gut.

❓ Was versteht man unter einer Bio-Kiste?

Einige Landwirte bieten sogenannte Bio-Kisten an. Darin sind Obst und Gemüse, die gerade auf dem Hof geerntet wurden. Ihr zahlt einen monatlichen Betrag und bekommt einmal pro Woche einen Teil der Ernte geliefert. Was in eurer Kiste landet, ist jedes Mal eine Überraschung. Aber immer ist alles superfrisch.

❓ Ist das Ei noch gut oder muss es weg?

Das kannst du sehr leicht mit einem Test herausfinden: Fülle ein Glas mit Wasser. Lege das Ei vorsichtig hinein. Bleibt das Ei am Boden liegen, ist es frisch. Richtet es sich auf, solltest du es bald essen. Schwimmt das Ei jedoch ganz oben, ist es nicht mehr zum Verzehr geeignet. Schade!

Die Autorin

Karolin Küntzel hat Germanistik, Geschichte und Weiterbildungsmanagement studiert. Seit 2008 arbeitet sie als freie Autorin und hat bereits zahlreiche Sachbücher für Erwachsene und Kinder verfasst. Außerdem betreibt sie einen Blog rund um Naturthemen. Sie lebt mit ihrer Familie in Bayern. Mehr Informationen findest du auf ihrer Homepage *www.karibuch.de*.